★ ★ ★

気軽に作れる 志麻さんの
極上おやつ

マガジンハウス

ほっとする時間を届けたい

　私はさまざまな家庭を訪問し、リクエストに応じて料理を作る家政婦の仕事をしています。もともとお菓子作りも好きなので、リクエストがあれば道具も材料もその家庭にあるものを使って「何ができるだろうか」と考えます。おやつは子どもたちが大好きなものですし、大人も笑顔にしますので、料理を作るのとはまた違った楽しみがあるんです。

　お菓子作りは難しいというイメージがあるかもしれません。特別な道具を用意しなくてはいけない。材料を量るのも面倒だし、レシピどおりに作らないと失敗しそう……などと考えるのかもしれませんが、フランスで子ども向けのアニメを観ていると、小さい子どもが1人で、もしくはお母さんやお父さんと一緒にお菓子作りをしているシーンがよくあります。家で作るおやつは、そのくらい簡単なものがいいと思いますし、小さいうちからそうやって"作る楽しさ"や"楽しく食べることの大切さ"を学んでいくんだろうなと思います。大人も子どもも、男の人も女の人も関係なく、レシピを見なくても、計量器で量らなくても、思い立ったときにさっと作れる。「また、あれ作って！」とリクエストされても気軽に応じられるものがいいなと思っています。

　そんなレシピをこの本の中で2つでも3つでも見つけてもらえたらと思い、できるだけ無駄な工程を省いて、分量も作りやすく覚えやすいものにしました。混ぜたり、練ったり、泡立てたり、子どもたちも作る過程から参加できますし、オーブンに入れて焼き上がるのを待つ時間もきっと楽しいと思います。なんといってもできたての味は格別。

　今は家庭でも時間に追われて忙しい方が多いと思いますが、そんな日々のなかに、ほっとする温かな"おやつ時間"をお届けできたらうれしいです。

CONTENTS

気軽に作ってみよう

1 カスタードソース —— 10
2 カスタードクリーム —— 11
3 基本のスポンジ生地 —— 12
4 基本のタルト生地 —— 14

基本のタルト生地を応用！
　　チーズクッキー —— 16

ホットケーキミックスで簡単おやつ

基本のパウンドケーキ —— 18

基本のパウンドケーキを応用！
　　オレンジチョコケーキ —— 20

マドレーヌ —— 21

ふわふわドーナツ・さくさくドーナツ —— 22

ドロップクッキー —— 24
　　応用❶ ポテトクッキー
　　応用❷ グラノーラクッキー
　　応用❸ チョコクッキー

志麻さんの
ほっとひと息、手作りドリンクメニュー！ **1** —— 26

パイシートでフレンチおやつ

パルミエ —— 28
チーズパイ —— 30
ユンヌフィーユ —— 31
タルト・ソレイユ —— 32
アップルパイ —— 34

志麻さんの
ほっとひと息、手作りドリンクメニュー！**2** —— 36

小麦粉と卵と牛乳で シンプルおやつ

カスタードプリン —— 38
サブレエコセ —— 40
テュイル —— 42
タルトフラン —— 44
クレープ —— 46

みんな大好き！チョコのおやつ

ガトーショコラ —— 50
ガナッシュ —— 52
チョコクロワッサン —— 53
ビスキュイショコラ —— 54
焼きチョコムース —— 56
クレーム・オ・ショコラ —— 58

CONTENTS

フルーツで旬のおやつ

りんご
りんごのベニエ —— 60
タルトタタン —— 61
りんごロール —— 62
タルトリュスティック —— 63
焼きりんご —— 64
りんごバラ —— 65
ガトーインビジブル —— 66

バナナ
焼きバナナ —— 68
チョコバナナタタン —— 69
バナナマフィン —— 70

桃
紅茶コンポート —— 72
桃のクランブル —— 73
桃のソルベ —— 74
桃のグラタン —— 75

オレンジ
オレンジクラフティ —— 76
オレンジマリネ —— 78

チーズやグラノーラで大人のおやつ

チーズ
チーズケーキ —— 80
グジェール —— 82
チーズラスク —— 84

ヨーグルト
フローズンヨーグルト —— 85
いちごジャムのティラミス —— 86

さつまいも
スイートポテト —— 88
さつまいものシナモンシュガー —— 89

グラノーラ
グラノーラパフェ —— 90
キャラメルグラノーラ —— 91
シリアルチョコボール —— 92

おわりに —— 93

みなさんへのアドバイス

オーブンで焼く

オーブンは、機種によって加熱具合が若干違います。また、作るときの型のサイズ（大きさ・深さ）や素材の水分量などによって焼き時間などに差が出てきますので、焼き上がりの目安として、表面の焼き色を見ながらアルミホイルをかぶせたり、温度を下げたりして調節してください。十分に火が通っていない場合には、時間を延長すればOK！ 気楽に考えて、ご使用のオーブンの特徴をつかんでみてください。

湯せんする

フライパンや鍋で熱した湯で、容器に入れたチョコレートやバターなどの材料に間接的に熱を通して溶かすことを「湯せん」と言います。

泡立てる

生クリームや卵白は、ギリギリまで冷やしておくと泡立てやすくなります。氷水を入れた大きめのボウルに、ボウルごと入れて冷やしながら泡立ててもOKです。卵白を泡立てるときは、油分や水分が少しでも入ると泡立ちにくくなるので、ボウルや泡立て器をしっかり拭き取っておきましょう。

分量について

この本は、みなさんが作りやすい分量でレシピをまとめました。なかにはもっと甘いほうが好きな人、バターたっぷりのリッチな感じが好きな人もいるかもしれませんが、その場合はお好みに合わせて分量を調整してください。家で食べるおやつに正解はないので、作りながら自分好みを見つけていただけたらと思います。
＊大さじ1＝15cc／小さじ1＝5cc

材料について

「バター」は、料理でも使う有塩のものを使用しています。「小麦粉」も料理で使う薄力小麦粉を使用しています。「砂糖」はグラニュー糖を使用しています。「生クリーム」は、乳脂肪のみを原料とした濃厚でコクのある「純正クリーム」を使用しています（植物油脂などを原料とした「ホイップクリーム」は純正クリームに比べてあっさりとしています。好みに合わせて選んでください）。

気軽に作ってみよう

　おやつ作りは気軽にできるのがいちばん。ここではフランス人も大好きなカスタードソース、カスタードクリームの作り方から紹介します。

　これらは使う材料も作り方もとってもシンプル。さらっとしたカスタードソースはそのまま飲んでもおいしいのですが、焼き菓子にソースを添えれば、華やかなデザートのひと皿にもなりますし、カスタードクリームはフルーツに添えたり、タルト生地に敷いたりスポンジケーキにはさんだり、いろいろ応用できるので覚えておくと便利です。ここで紹介するのは基本のレシピなので、お好みで甘さを足したり引いたりしていただいてもいいと思います。

　それからスポンジ生地とタルト生地もカスタードと同じで、いろいろなものに応用できます。基本を覚えておけば、あとはアイデア次第。チョコレートやジャムを加えて焼いたり、クリームやフルーツをデコレーションして特別な日のデザートにしたり。タルト生地はクッキーとして焼いてもおいしいので、ぜひ試してみてください。

1 カスタードソース

3つの材料で作るやさしい味の定番ソース。
いろんなお菓子に合い、添えるだけで格上げのひと皿に。

| 材料 |

卵黄 —— 2個分
グラニュー糖 —— 25g
牛乳 —— 250cc

混ぜる

1 ボウルに卵黄とグラニュー糖を入れ、白っぽくなるまで泡立て器でよく混ぜる。

2 鍋で牛乳を沸騰直前まで沸かし、1に加えて混ぜる。

火にかける

3 よく混ぜ合わせたら、元の鍋に戻して火にかける。

4 焦げないように木ベラを底に当てながら混ぜる。

5 全体にとろみがついたら完成。

フランス人はこのまま飲むくらいカスタードソースが大好き。煮沸した瓶に入れて冷蔵保存すれば、4日ほど持ちます。焼き菓子につけて食べるのもおすすめ。

2 カスタードクリーム

このレシピさえ覚えておけば、いろんなメニューに応用できる！
ほんのり甘く、口当たりなめらかなカスタードクリームにぞっこん。

材料

卵黄 —— 2個分　　　小麦粉 —— 大さじ1
グラニュー糖 —— 25g　　牛乳 —— 250cc

＊クリームの仕上がりを固めにしたいときは、小麦粉を少し多めに。

混ぜる

1

ボウルに卵黄とグラニュー糖を入れて、空気を含ませるように泡立て器でよく混ぜる。

2

白っぽくなってきたら、小麦粉を入れてさっくり混ぜ合わせる。

3

鍋で牛乳を沸騰直前まで沸かし、2に加えて混ぜる。

火にかける

4

3を元の鍋に戻す（このとき、3をざるでこすとよりなめらかに）。

5

焦げないように混ぜながら強めの中火にかけ、表面がふつふつしてきたら火を止める。

冷やす

6

容器に移し、表面が乾かないように落としラップをして、粗熱をとり冷蔵庫で冷やす。

レモン風味のカスタードクリームにも

カスタードクリームにレモンの皮と果汁を加えると、ほんのりと酸味のきいた爽やかなクリームになります（このページで紹介したカスタードクリームなら、レモン4分の1くらいがおすすめ）。

3 基本のスポンジ生地

スポンジケーキの生地をホットケーキミックスで。
卵を温めて泡立てるとふっくらとした焼き上がりに。

材料
ホットケーキミックス —— 80g
卵 —— 4個
グラニュー糖 —— 60g
バター —— 10g

 泡立てるとき、ハンドミキサーを持っている方は、使ったほうがよりキメの細かい泡になります。

下準備
- オーブン予熱　170℃
- 型にバターをぬる（オーブンシートをはるのもOK）。
- バターを湯せんする。
- ホットケーキミックスをふるう。

混ぜる

1 ボウルに卵を割り入れて、湯せんしながら泡立てる。
＊卵が人肌程度になったら、湯せんからすぐに外すのがポイント。

2 引き続き泡立て、キメが細かくなったらグラニュー糖を加える。

3 白っぽくぽってりするまでさらに泡立てる（目安は落としたときに跡が残るぐらい）。

4 3にホットケーキミックスを加えてさっくりと混ぜる。

5 粉っぽさがなくなったら、溶かしたバターを加えて混ぜる。

6 型に生地を流し入れて表面をならす。型ごと水平に持ち上げて軽く台を叩き、生地の中の空気を抜く。

焼く

7
オーブンで焼く。
170℃→12〜15分

8
串を刺して何もついてこなければ焼き上がり（生地がつくようなら、そのまま焼き時間を延長する）。

9
焼き上がったスポンジケーキは乾燥しないようにオーブンシートなどをかぶせて冷ます。

深さがある型の場合は焼き時間がかかるので、表面が焦げないようにアルミホイルをかぶせて焼き上げる。

生クリームでデコレーション

生クリームとグラニュー糖（10：1）をボウルに入れて冷やしながら泡立てる。何かに添えるなら、泡立て器ですくって落として跡が残るくらい（7分立て）に。側面にぬるなら、もう少し泡立てて少し固め（8分立て）に。スポンジケーキにこの生クリームをぬっていちごでデコレーションすれば、上の写真のようなショートケーキになります。

4 基本のタルト生地

サクサクした生地がやみつきになる自家製タルト。
焼き上がったら、いろんなものを詰めて楽しんで！

材料 （直径12cmのタルト型2個分）

小麦粉 —— 200g　　卵 —— 1個
グラニュー糖 —— 50g
バター —— 100g

下準備
- オーブン予熱　170℃
- 小麦粉をふるう。

混ぜる

1　小麦粉、グラニュー糖を混ぜ、バターにまぶして手でちぎりながらなじませていく。

2　手に小麦粉をつけながらバターをさらに指でつぶし、かたまりを小さくしていく。

3　バターと小麦粉が混ざりポロポロの状態になったら、手のひらですり合わせるように生地をならす。

4　かたまりがなくなったら、溶き卵を一気に入れる。

5　生地を練らないようにして、卵を全体的になじませる。

6　生地をひとかたまりにしてラップで包み、冷蔵庫で休ませる。
＊少なくとも30分程度は冷蔵庫に。

生地をのばす

7　まな板などに小麦粉（分量外）をふり、その上で生地を丸く整える。

8　めん棒で上から押すように生地を広げ、ときどき角度を変えながらのばす。

9　型より3cmくらい大きくする。厚さは3〜4mmを目安に。

型に入れる

10 生地を型に入れ、サイズに合わせて折り込む。

11 生地を型の側面にしっかり押しつける。

12 めん棒を型の上で転がし、はみ出した生地を取り除く。

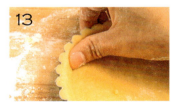

13 指で型の側面に再度押しつける。

14 型の曲線に合わせて生地を少し持ち上げ、型の上部にのせる。

15 フォークで空気穴をあける。

焼く

16 オーブンで焼く。
170℃→15〜30分

生の素材を入れて仕上げる場合は全焼き（30分が目安）、素材を入れてさらに焼くときは、半焼き（15分が目安）。全焼きのタルトにカスタードクリームを敷いて、いちごなどを並べるだけでフルーツのタルトに（写真上・左）。

基本のタルト生地を応用!

チーズクッキー

粉チーズをタルト生地に混ぜて焼き上げるだけ。
香ばしくてクセになるサクサクのクッキー。

材料 （20〜25個分）

タルト生地　＊p14-15を参照。
粉チーズ（タルト生地の1/6〜1/8程度）20ｇ

下準備

- オーブン予熱　170℃
- 天板にオーブンシートを敷く。

作り方

タルト生地を作るときに粉チーズをたっぷり加えてかたまりにしたら、棒状にしてラップで巻き、少なくとも30分は冷蔵庫で冷やす。生地が冷えたら、輪切りにして天板に並べ、オーブンで焼く。170℃→15〜20分

その他にも、板チョコを砕いて細かくしたものやドライフルーツ、ナッツなど、お好みの食材を基本の生地に加えて焼き上げると、いろいろな味のクッキーが楽しめます。

ホットケーキミックスで簡単おやつ

　スポンジケーキなどの生地をふくらませるときに使うベーキングパウダーは、お菓子作り以外に使う機会がないので、常備している家庭はあまりありません。でも、「ホットケーキミックスならあります」という家庭は多いようです。このホットケーキミックスには小麦粉のほかにベーキングパウダーや砂糖、塩などお菓子に必要なものがバランスよく入っているので、それぞれの分量を量ったり、粉をふるったりする手間も省け、大きな失敗の心配なくいろんなものにチャレンジできるのが魅力です。

　ホットケーキ以外にも、しっとりとしたパウンドケーキやマドレーヌ、ふわふわのドーナツやさくさくのクッキーまで、簡単に作ることができます。

　使い切れずに余ってしまったホットケーキミックスがあったら、ぜひ試してみてください。基本のパウンドケーキやクッキーの作り方がわかれば、チョコレートやドライフルーツを加えたりして、お好みでアレンジも！

CAKE NATURE

基本のパウンドケーキ

フランスの家庭でも定番のバターたっぷりの素朴なケーキ。
ホットケーキミックスを使ってお手軽に。

| 材料 | （18cm型1個分）

ホットケーキミックス —— 150 g
バター —— 75 g
グラニュー糖 —— 75 g
卵 —— 2個

| 下準備 |

- オーブン予熱　180℃
- 型にバターをぬり、オーブンシートをはる。
- バターを常温に戻す。

混ぜる

1

ボウルにバターとグラニュー糖を入れ、白っぽくなるまで混ぜ合わせる。

2

卵を1個ずつ割り入れ、混ぜ合わせる。

3

ホットケーキミックスを加えて、さっくりと混ぜる。

焼く

4

型に生地を流し入れ、型ごと水平に持ち上げて台を軽く叩き、生地の中の空気を抜く。

5

オーブンで焼く。
180℃ → 30〜40分

型がないときは料理用の耐熱容器で代用できます。焼き時間は器の大きさに合わせて増減を。つまようじなどを刺してみて、何もつかなければOKです。

基本のパウンドケーキを応用!

オレンジチョコケーキ

オレンジとチョコレートの絶妙な組み合わせ。
果汁もたっぷりで風味豊かな味わい。

材料
パウンドケーキの生地　＊p19を参照。
オレンジ —— 1個
チョコレート（ブラック）—— 50ｇ

下準備
- オーブン予熱　180℃
- 型にバターをぬり、オーブンシートをはる。

作り方

1

2

3

基本のパウンドケーキ生地に、オレンジ1/2個分の果汁、砕いたチョコレートを加えて混ぜる。型に入れ、上にオレンジの薄切りをのせて、オーブンで焼く。180℃→30〜40分

応用編は他にも。グラニュー糖と水でキャラメルソースを作り、パウンド生地に混ぜて焼けば、ビターな大人味に。はちみつ＆レモン、バナナなどを加えても。いろんなアレンジを楽しんで。

MADELEINE

マドレーヌ

焦がしバターの風味が広がり
いくつでも食べたくなる
フランス発祥の焼き菓子。

材料（5個分）

ホットケーキミックス —— 75 g
卵 —— 2個
グラニュー糖 —— 25 g
はちみつ —— 25 g
バター —— 50 g

下準備

- オーブン予熱　180℃
- 鍋にバターを入れて火にかけ、焦がしバターを作る（写真右）。
  ＊バターが溶けてパチパチと音がするまで強火にし、音と泡がすーっと消えてきたら火を止める（ボウルに移して冷ましておく）。

混ぜる

1

ボウルにホットケーキミックス、卵、グラニュー糖、はちみつを入れて混ぜ合わせる。

2

焦がしバターを加えて、全体を混ぜ合わせる。

焼く

3

型に流し入れて、オーブンで焼く。
180℃ → 12〜15分

焦がしバターを加えると風味がよくなり贅沢な味に。時間がたってもしっとりとした食感でおいしくいただけます。

BEIGNETS

ふわふわドーナツ

お豆腐入りでやさしく軽やかな口当たり。
ほんのり甘く、ふわふわ＆もちもちした食感！

さくさくドーナツ

ドーナツの定番、オールドファッション。
揚げたてのさくさく感を楽しんで！

ふわふわドーナツ

材料 (5〜6個分)
絹豆腐 —— ミニパック1個（150ｇ）
グラニュー糖 —— 40ｇ
ホットケーキミックス —— 150ｇ
卵 —— 1個
牛乳 —— 100cc
サラダ油 —— 適宜

混ぜる

1 ボウルに絹豆腐とグラニュー糖を入れて混ぜ合わせる。

2 別のボウルでホットケーキミックス、卵、牛乳を混ぜ、**1**に加える。

揚げる

3 油を熱し、160〜170℃になったら、生地を大きめのスプーンでそっと落とし入れる。
＊油が温まってないうちに生地を少量落としておき、浮き上がってきたら適温。

4 両面がきつね色になったら取り出して、熱いうちにグラニュー糖（分量外）をまぶす。

さくさくドーナツ

材料 (5〜6個分)
A ホットケーキミックス —— 150ｇ
　　卵 —— 1個
　　バター —— 15ｇ
　　牛乳 —— 大さじ1
　　グラニュー糖 —— 大さじ1
サラダ油 —— 適宜
小麦粉 —— 適宜

下準備
・バターを湯せんする。

混ぜる

1 ボウルに**A**の材料を入れて、よく混ぜ合わせる。

2 ひとかたまりにして、ラップに包んで休ませる。

成形する

3 まな板などに小麦粉をふり、生地に打ち粉をしながら棒状にする。

4 両端を合わせて円を作り、つなぎ目をしっかりくっつける。

揚げる

5 160〜170℃の油で揚げ、きつね色になったら取り出す。

PETITS BISCUITS

ドロップクッキー

スプーンで生地をたっぷり落とし、しっかり焼き上げた素朴なクッキー。バリエーションもいろいろ。

材料 （8〜10個分）

ホットケーキミックス ——150g
グラニュー糖 ——大さじ2
牛乳 ——大さじ3
バター ——60g

下準備

- オーブン予熱　170℃
- バターを湯せんする。
- 天板にオーブンシートを敷く。

混ぜる

1
ボウルにホットケーキミックス、グラニュー糖、牛乳を入れて混ぜ合わせる。

2
1に溶かしたバターを加えてざっくりとまとめる。

応用❶

ポテトクッキー

じゃがいも1個を皮ごとラップに包んでレンジで加熱（600Wで表裏3分ずつ）し、基本の生地に混ぜ合わせると、ポテトクッキーに。

焼く

3
スプーンですくって天板に落とし、丸く形を整える。

4
オーブンで焼く。
170℃→12〜15分

じゃがいも以外にもアレンジはいろいろ。さつまいもやかぼちゃを加えると甘く、ホクホク感も楽しめます。薄くのばして大きめに焼いても。

応用❷
グラノーラクッキー

グラノーラを基本の生地に混ぜ合わせ、同様に天板にのせて、オーブンで焼く。
170℃→12〜15分

応用❸
チョコクッキー

大きめに砕いたチョコレートを基本の生地に混ぜ合わせ、同様に天板にのせて、オーブンで焼く。
170℃→12〜15分

志麻さんの ほっとひと息、手作りドリンクメニュー！

1

ホットショコラ

材料（2人分）

チョコレート（ブラック）── 50g
牛乳 ── 300cc

作り方

鍋で牛乳を沸かし、チョコレートを小さく砕きながら加えて溶かし、混ぜ合わせる。

 濃くしたい場合はチョコレートの量を多めに、甘さを足したい場合は砂糖を加えます。シナモン、八角、こしょうなどのスパイス、マシュマロやホイップクリームなどを加えてもおいしいですよ。

レモネード

材料（2〜3人分）

レモン ── 1〜2個 　　ミントの葉 ── 1枝
水 ── 100cc　　　　　炭酸水 ── 200〜300cc
グラニュー糖 ── 100g

作り方

1 鍋に水とグラニュー糖を入れて沸かす。

2 火を止め、1にレモンの皮とミントの葉を入れてふたをして冷ましておく。

3 ボウルにレモンを絞り、そこに2をこしながら入れる。

4 3のシロップを冷えた炭酸水で割る。

 レモンの皮の代わりにしょうがを入れるとジンジャーエールに。グラニュー糖の代わりにハチミツでもOK。ハチミツのほうが甘みが強いので、分量はグラニュー糖の半分を目安に。

パイシートで
フレンチおやつ

　オーブンから漂う甘く香ばしい匂い。粉とバターが何層にも重なったパイ生地がふわっとふくらみ、表面がこんがりときつね色になったら、サクサクっとした食感がたまらないおいしいパイの焼き上がり。家庭でパイ生地から作ろうと思うとハードルが一気に上がってしまいますが、市販の冷凍パイシートを使えば、気軽にいろんなお菓子が作れます。

　パイシートは同じように見えても使用されている材料が違う場合があり、それによって風味が異なるので、裏面に記載されている原材料をチェックして好みのものを選んでください。バターを使ったものはコクがあり、香りもしっかりしているのに比べて、マーガリン使用のものは、あっさりとソフトな風味です。

　サクサクのおいしいパイを作るにはどうしたらいいかよく聞かれるのですが、コツは生地をしっかりと焼ききること。オーブンは機種によって熱の伝わり方が違うので、表示の時間で足りないと思ったら、「あと10分焼いてみよう」などと表面の焼き色を見ながら調整してみてください。

PALMIER

パルミエ

シュロの葉に似た形のフランス伝統菓子。
ほんのり甘く、さっくさっくで香ばしい。

材料	(13〜15個)
冷凍パイシート ── 2枚
グラニュー糖 ── 大さじ2〜3
水 ── 適宜

| 下準備 |
- 冷凍パイシートを冷蔵庫で半解凍する。
- 天板にオーブンシートを敷く。

味をつける

1 パイシートを広げて片面全体にスプーンなどで水をぬる。

2 全体にグラニュー糖をたっぷりまぶす。

ここでたっぷりふるとガリガリした食感が楽しめます！

成形する

3 センター部分を少し開け、パイシートの両端を内側に向けて折る。

4 センターを中心にして、パイシートをさらに内側に折る。

5 ラップに包んで30分くらい冷凍庫に入れ、生地を締める。

焼く

6 作業に戻る前にオーブンを予熱（180℃）し、**5**を1.5cm幅に切る。

7 天板に切り目を上にして並べる。

8 オーブンで焼く。
180℃→20〜30分

作業をしているあいだにパイシートがやわらかくなってしまったら、一度、冷凍庫に戻して冷やすと、生地が締まって上手に作れます。

TORSADES AU FROMAGE

チーズパイ

ワインにもよく合うスナック。
たっぷりの粉チーズと
ブラックペッパーがアクセント。

材料 (10本)
冷凍パイシート ── 2枚
卵黄 ── 1個分
水 ── 小さじ1
粉チーズ ── 適宜
ブラックペッパー（好みで）

下準備
- オーブン予熱　180℃
- 冷凍パイシートを冷蔵庫で半解凍する。
- 卵黄を少量の水で薄める。

味をつける

1

パイシート1枚に少量の水で薄めた卵黄をぬる。

2

1に粉チーズをたっぷりとふり、もう1枚のパイシートを上に重ねる。

お好みで
ブラックペッパーを
かけても。

成形する

3

2を上から押さえて密着させてから、2cm幅に切りわける。

4

1本ずつ生地をねじり、表面に残りの卵黄をぬる。

焼く

6

天板にのせ、オーブンで焼く。
180℃→20〜25分

UNE FEUILLE

ユンヌフィーユ

ミルフィーユ（千枚の葉）ではなく
ユンヌフィーユ（1枚の葉）なら簡単！

材料（3個）

冷凍パイシート —— 1枚
カスタードクリーム —— 適宜
＊p11を参照。
いちご —— 適宜

下準備

- オーブン予熱　180℃
- 冷凍パイシートを冷蔵庫で半解凍する。
- 天板にオーブンシートを敷く。

焼く❶

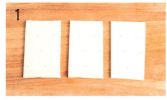

パイシートを3等分に切る。

1をオーブンで焼く。
180℃→7〜8分

成形する

生地がふわっとふくらみ、表面に焼き色がついたら取り出す。

3にオーブンシートを被せ、まな板などで上から押さえる。

焼く❷

つぶしたパイをさらにオーブンで焼く。180℃→10分

仕上げる

仕上げにカスタードクリーム、いちごを順にのせる。

31

TARTE SOLEIL

タルト・ソレイユ

パイシートに好みの具をはさんでねじって焼くだけ！
みんなでちぎって食べる楽しい一品。

[材料]（1個分）
冷凍パイシート —— 2枚
薄切りハム —— 1パック（4枚）
シュレッドチーズ —— 大さじ2
卵黄 —— 1個分
水 —— 小さじ1

[下準備]
- オーブン予熱　180℃
- 冷凍パイシートを冷蔵庫で半解凍する。
- 天板にオーブンシートを敷く。
- 卵黄を少量の水で薄める。

フランスでは丸型の生地で作ることが多く、見た目が太陽のようなので、このような名称で呼ばれています。正方形や長方形のものは、もったいないのでそのままで、形は気にせずに。

具をのせる

1
パイシート1枚にハムを並べ、シュレッドチーズをちらす。

2
パイシートの周囲に卵黄をぬる。
＊側面にぬると層になる部分がふくらまなくなるので要注意。

成形する

3
パイシートを上から1枚かぶせてしっかりと押さえる。

4
センターを残して**3**に左右から切り込みを入れる。

5
1本ずつ同じ方向にくるくるとねじる。

焼く

6
天板にのせ、**5**の表面に残りの卵黄をぬる。

7
オーブンで焼く。
180℃→20〜30分

1本ずつちぎって食べます。

33

TARTE AUX POMMES

アップルパイ

バターでソテーした甘酸っぱいりんごを
さくさくパイで包み込んだ王道の味。

材料（1個分）

りんご ── 1個（角切り）
バター ── 10 g
グラニュー糖 ── 大さじ1
冷凍パイシート ── 2枚
卵黄 ── 1個分
水 ── 小さじ1/2

下準備

- オーブン予熱　180℃
- 冷凍パイシートを冷蔵庫で半解凍する。
- 天板にオーブンシートを敷く。

具を作る

1 フライパンにバターを入れて火にかけ、りんごを加えて焦げないように中火でソテーする。

2 りんごがやわらかくなってきたら、グラニュー糖を少しずつ加えてゆっくり炒める。

3 水分を飛ばし、茶色っぽくなってきたら、火を止めて粗熱をとる。

パイシートに包む

4 パイシート1枚の上に、ソテーしたりんごを均等にのせる。

5 **4**のりんごの周囲に水で薄めた卵黄をぬり、もう1枚のパイシートをめん棒で少しのばす。

6 少しのばしたパイシートをかぶせ、周囲を指で押さえて閉じる。

7 表面に残りの卵黄をぬり、ふちの部分はフォークで押さえる。

8 表面に切り込みを入れる。
＊切り込みを入れてから卵黄をぬると、層になる部分に卵がかかり、生地がふくらみません。

焼く

9 天板中央に**8**をのせる。

10 オーブンで焼く。
180℃→40分

焼き色がついたらアルミホイルをかぶせて、生地をしっかり焼ききって。

りんごをやわらかくしたい場合は、電子レンジで加熱してからソテーしてもOKです。

志麻さんの ほっとひと息、手作りドリンクメニュー！
2

ミントの代わりにパクチーやセロリなどの香りの強いハーブなどを入れても。お好みに合わせて試してみてください。

ミントモヒート

材料（1人分）

ミントの葉 —— 6〜7枚
グラニュー糖 —— 大さじ1
炭酸水 —— 200cc
レモン　スライス —— 1枚
氷 —— 適宜

作り方

1　グラスにミントの葉とグラニュー糖を入れてつぶす。
2　1に炭酸水を注ぎ、レモンと氷を入れる。

シロップと水の割合はお好みに合わせて調整してみてください。洋梨、みかんの缶詰などでも同じようにできます。

ネクター

材料（1人分）

桃（缶詰）—— 1缶
水 —— 100cc
氷 —— 適宜

作り方

1　桃、缶詰のシロップ（分量はお好みで）、水をミキサーにかける。
2　グラスに氷を入れ、1を注ぎ入れる。

小麦粉と卵と牛乳で
シンプルおやつ

　私が訪問するほとんどのご家庭には、小麦粉、卵、牛乳が常備されています。この３つの材料は、お菓子を作るときでも大活躍してくれます。わざわざお菓子を作るためだけに買いものに出かけなくても、キッチンにある材料なので、お子さんがいる家庭でリクエストがあれば、まずはこの３つをベースに何を作ろうかと考えます。

　冒頭で紹介したカスタードクリームも基本はこの３つ。フランスの家庭でよく作られるクレープも、この３つでささっと作れます。その手軽さが人気の秘密なのかもしれませんね。

　３つが揃わなくても、卵と牛乳があれば、カスタードプリンを。小麦粉があればバターと合わせて軽やかな口当たりのサブレを、と同じような材料でも組み合わせ方、作り方でまったく違うタイプのものができるのが、お菓子作りの面白いところ。シンプルなものばかりなので、作るところからその楽しさを味わってみてください。

PUDDING À LA CRÈME

カスタードプリン

キャラメルソースのほろ苦さがアクセントの
濃厚でなめらかな絶品プリン。

材料（直径21cm型1個分）

[キャラメルソース]
グラニュー糖 —— 100g
水 —— 大さじ2〜3

[プリン生地]
卵 —— 3個
牛乳 —— 500cc
グラニュー糖 —— 大さじ3
バニラエッセンス（好みで）

下準備
- オーブン予熱　170℃

キャラメルソースを作る

1 小鍋にグラニュー糖を入れ、全体が湿るくらいに水を加える。

2 強火で煮詰める（沸騰しても混ぜたりしないでそのまま待つ）。

3 キャラメルソースが好みの濃さになったら火を止め、少量の水（分量外）を加える。

4 鍋の中のキャラメルソースが落ち着くのを待つ。

5 キャラメルソースが温かいうちに型に流し入れる。

6 均等になるように広げて、そのまま粗熱をとる。

生地を作る

7 ボウルに卵を割り入れて、泡立て器でよく混ぜる。

8 鍋に牛乳とグラニュー糖を入れて沸かす。

9 **8**の牛乳を少しずつ**7**の卵に加えて混ぜる。

焼く

10 **9**をざるなどでこし、**6**の型に流し入れる。
＊好みでバニラエッセンスを加えても。

11 キッチンペーパーを敷いた天板の中央に**10**を置き、お湯を張る。

12 オーブンで焼く。
170℃→25〜30分

SABLÉ ÉCOSSAIS

サブレエコセ

サクッとした食感を楽しむ極上ショートブレッド。
バターの香りも一緒に味わって。

| 材料 | （2個分） |

バター —— 120 g
グラニュー糖 —— 50 g
小麦粉 —— 180 g

| 下準備 |

- オーブン予熱　160℃
- バターを常温に戻す。
- 小麦粉をふるう。
- 天板にオーブンシートを敷く。

混ぜる

1
ボウルに常温に戻したバターとグラニュー糖を入れる。

2
木べらなどでなめらかになるまで混ぜる。

3
2に小麦粉を加える。

4
練らないようにしてさっくりと混ぜ合わせる。

5
ひとかたまりにまとめる。

さわりすぎるとバターが溶けてしまうので注意。

成形する

6
生地を2つに分けて丸め、手のひらの付け根の部分で押し広げる（厚さ1.5cmぐらいに）。

7
周囲を親指と人差し指でつまみながら、ギザギザの飾りをつける。

8
焼き上がったときに切りやすくするため、ナイフで切り込みを入れておく。

焼く

9
フォークで模様をつける。

10
オーブンで焼く。
160℃→35分

「エコセ」はフランス語で「スコットランドの」の意。サクッと仕上げるには、練らないように、さっくりと混ぜ合わせるのがコツです。

TUILE

テュイル

パリッと薄く焼いた瓦型のクッキー。
生地が熱いうちにくるっとカーブをつけて。

| 材料 |(10枚分)

卵白 —— 2個分
グラニュー糖 —— 40g
小麦粉 —— 60g
バター —— 60g
チョコレート —— 適宜
アーモンドスライス —— 適宜

| 下準備 |

- オーブン予熱　170℃
- 小麦粉をふるう。
- バターを湯せんする。
- 天板にオーブンシートを敷く。

混ぜる

1

ボウルに卵白とグラニュー糖を入れ、卵白のどろっとした部分を切るようによく混ぜる。

2

1に小麦粉を入れ、なめらかになるまで混ぜ合わせる。

3

2に溶かしたバターを加えて混ぜ合わせ、冷蔵庫で生地を休ませる。
＊目安はバターが冷えるまで。

焼く

4

オーブンシートの上にスプーンで生地を広げながら薄くのばす。

5

お好みで砕いたチョコレートやアーモンドスライスをのせる。

6

オーブンで焼く。
170℃→7〜10分

成形する

7

色がついて焼き上がった生地をオーブンシートからはがす。

8

生地が熱いうちに、めん棒やアルミホイルの芯などにのせて、形を丸くする。

「テュイル」はフランス語で瓦という意味で、卵白を使って作る簡単なクッキー。生地は薄くのばして。ムラがあってもOKです。

TARTE AU FLAN

タルトフラン

カスタードクリームのような甘くぷるんとしたタルト。
フランスで昔から愛されてきたママンの味。

材料（直径12cmのタルト型1個分）

タルト生地
（12cm型で15分ほど半焼きしたもの）
グラニュー糖 —— 40g
卵 —— 1個
小麦粉 —— 15g
牛乳 —— 250cc
バニラエッセンス（好みで）

タルト生地の作り方はp14-15を参照。

下準備

- オーブン予熱　170℃
- 小麦粉をふるう。

混ぜる

1

ボウルにグラニュー糖と卵を入れて混ぜる。

2

1に小麦粉を加えて、よく混ぜ合わせる。

3

沸騰直前まで温めた牛乳を加え、よく混ぜ合わせる。
＊好みでバニラエッセンスを加える。

火にかける

4

鍋に **3** を入れて火にかける。

5

ふつふつと大きな泡が出てきたら火を止める。

6

5 をタルト生地の型に流し込む。

焼く

7

オーブンで焼く。
170℃→15分

 フランスではパン屋さんでよく売られている、みんなに親しまれてきた素朴なお菓子です。

CRÊPE

クレープ

フランスのブルターニュ地方発祥のクレープは食べ方いろいろ。
薄くしっとりと焼き上げて、もちもち感を楽しんで。

材料 (4枚分)

[クレープ生地]
小麦粉 —— 60 g
塩 —— ひとつまみ
卵 —— 1個
サラダ油 —— 小さじ1
牛乳 —— 60cc
水 —— 25cc（必要に応じて）

混ぜる

1

ボウルに小麦粉、塩、溶き卵を入れて混ぜる。

2

1にサラダ油を加えて混ぜる。

3

牛乳を少しずつ加えながら混ぜ合わせる。

4

3をざるなどでこす。

5

生地を30分くらい休ませる。

生地をさらっと仕上げるとクレープが薄く上手に焼けます。生地がぼってりしすぎるようなら、水を足しながら調整を。

焼く

6

油（分量外）を引いたフライパンに生地を流し込み、生地の端のほうが乾くくらいまで焼く。

7

生地を持ち上げ、一気に裏返してさっと焼き上げる。

次ページに続く→

たとえばクレープに
りんごのソテー
を添える

材料
りんご ——1個（くし切り）
バター ——30 g
グラニュー糖 ——大さじ2

ソテーする →

1

フライパンにバターを入れて火にかけ、りんごを加えて強めの中火でソテーする。

2

りんごに色がついてきたらグラニュー糖を加えて、全体にからめる。

最後にブランデーを少し加えると大人の味に。クレープにはさんだり、添えたりして食べるとおいしいです。ソテーしたときにフライパンに残った汁は、そのままソースとして回しかけても。クレープは、カスタードクリームや生クリームなど、お好みのものを添えてデザートに。

みんな大好き！
チョコのおやつ

　私がフランスに滞在していたときに気に入ってよく食べていたおやつのひとつに、小さなカップに入ったなめらかな食感のクレーム・オ・ショコラ（チョコレートクリーム）があります。フランスでは子どもたちがよく食べるおやつなのですが、ムースとも少し食感が異なる濃厚なクリームで、私はすっかり魅了されてしまいました。私の家族もこのクレーム・オ・ショコラが大好きで、バゲットなどにつけて牛乳と一緒に食べるのが定番です。

　ここでは板チョコレートを使って手軽に作れる、いろいろなタイプのおやつをご紹介します。板チョコを溶かして生クリームとバターを加えて作るぽってりとしたクリームや、細かく砕いてクッキーやスポンジ生地に混ぜた焼き菓子など、板チョコの使い方はいろいろあります。チョコレートの扱い方は簡単ですが、湯せんするときだけ、気をつけましょう。ほんのわずかでも水が入ると固まってしまうので、ボウルや泡立て器などはしっかりと水分を拭き取っておくことを忘れずに。

GÂTEAU AU CHOCOLAT

ガトーショコラ

リッチなチョコレートの味わいをぎゅっと凝縮。
濃厚でやさしい口どけの本格派。

| 材料 |（直径18cm型1個分）

チョコレート（ブラック）
　　——200 g
バター——150 g
卵——4個
グラニュー糖——150 g
小麦粉——50 g

| 下準備 |

- オーブン予熱　170℃
- バターとチョコレートを湯せんする。
- 型にバターをぬり、オーブンシートをはる。
- 卵白と卵黄を分けておく。

混ぜる

1　ボウルに卵白を入れて泡立てながら、少しずつグラニュー糖を加えていく。

2　持ち上げるとゆっくり卵白が落ちる程度（8分立て）まで泡立てる。

> 夏場はボウルごと氷水に冷やしながら泡立てるとラクです。

3　湯せんしたバター＆チョコレートに卵黄を加えて混ぜる。

4　3に小麦粉を加えて混ぜ合わせる。

5　4に泡立てた2の卵白を半分入れてさっくり混ぜ、さらに残りを入れて混ぜる。

焼く

6　5の生地を型の7分目を目安に流し込む。
＊余った生地は小さなカップで仕上げを。

7　流し込んだ型を持ち、型ごと水平に持ち上げて台を軽く叩き、生地の中の空気を抜く。

8　オーブンで焼く。
①170℃→10分
②160℃→20分
＊10分後に少し温度を下げて焼く。

> 表面の割れているところにつまようじなどを刺して、何もつかなければ焼き上がりです。

PETIT COLUMN

型に入りきらなかった生地は、小さなカップなどに入れて焼いてみてください。早めに焼き上がるので、注意を。

GANACHE
ガナッシュ

ひと口サイズの贅沢な生チョコ。
口に入れるとふわっと溶けだす！

材料 (13～15個分)

チョコレート（ブラック）——150g　　生クリーム——100cc
バター——20g　　カカオパウダー（ココアパウダーでもOK）——適宜

混ぜる

1 チョコレートとバターを湯せんし、火から下ろしてなめらかになるまで混ぜる。

2 別のボウルで、生クリームをゆるく角が立つ程度まで泡立てる（8分立て）。

3 チョコレートの粗熱がとれたら、生クリームに混ぜ合わせる。

冷やす

4

3をバットに流し込み、冷蔵庫で冷やし固める。

成形する

5 4をスプーンですくって手早くボール状に丸める。

6 カカオパウダーをふったバットに5を入れ、溶けないように手早くまぶす。

MINI CROISSANT AU CHOCOLAT
チョコクロワッサン

冷凍のパイシートを使えば手軽で簡単。
チョコをくるくるっと巻いたシンプルおやつ。

材料 （5個分）		下準備
冷凍パイシート ── 1枚	卵黄 ── 適宜	・オーブン予熱　180℃
チョコレート（ブラック） ── 25g	水 ── 適宜	・冷凍パイシートを冷蔵庫で半解凍する。
		・天板にオーブンシートを敷く。

成形する

1 パイシートを三角に切る（一般的なパイシートなら5等分が目安）。

2 適当な大きさに割ったチョコレートをパイシートの巻き始めの位置に並べる。

3 パイシートの両端をひっぱりながらチョコレートを巻き込み、先端は水で留める。

焼く

4 3の表面に少量の水で薄めた卵黄をぬる。

5 オーブンで焼く。
180℃ → 20分

パイシートの両端をひっぱりながらチョコレートを巻くとキレイなクロワッサンの形に。巻き終わりはしっかりと押さえて！

BISCUIT AU CHOCOLAT

ビスキュイショコラ

すりごま入りのビスケット生地は風味豊かで香ばしく
なめらかなチョコレートクリームとの相性がぴったり。

| 材料 | （直径18cm大） |

[生地]
すりごま —— 100 g
小麦粉 —— 15 g
卵白 —— 3個分
グラニュー糖 —— 140 g

[クリーム]
チョコレート（ブラック）—— 150 g
バター —— 30 g
生クリーム —— 15cc（好みで）

| 下準備 |

- オーブン予熱　170℃
- ボウルなどを使ってオーブンシートの上に円を描き、同じサイズの型紙を2枚作る。

生地を作る

1 ボウルにすりごまと小麦粉を入れ、混ぜ合わせる。

2 別のボウルで卵白を泡立てながら、少しずつグラニュー糖を加える。

3 持ち上げるとゆっくり卵白が落ちる程度まで（8分立て）泡立てる。

4 3に1を少しずつ加えて、さっくり混ぜ合わせる。

5 型紙の上に生地を落とし、描いた円に合わせて薄くのばす。

6 2枚ともオーブンで焼く。
170℃→10〜12分

クリームを作る

7 ボウルにチョコレートとバターを入れて湯せんする。

8 7がなめらかになったら、好みで生クリームを加えて混ぜる。

> チョコレートに生クリームを入れると口当たりがなめらかに。

成形する

9 6の生地が冷めたら2枚ともオーブンシートを外す。

10 生地の1枚にチョコレートクリームを均等にぬる。

11 上からもう1枚の生地を重ねて、軽く上から押さえ、好みの形にカットする。

MOUSSE AU CHOCOLAT FAÇON GÂTEAU

焼きチョコムース

表面をさくっと焼き上げた濃厚なチョコレートムース。
中はふんわりと口どけ軽く、ほっとするおいしさ。

| 材料 | （直径12cm型1個分） |

チョコレート（ブラック） —— 100g
バター —— 30g
卵 —— 2個
グラニュー糖 —— 30g
粉糖 —— 適宜

| 下準備 |

- オーブン予熱　230℃
- 卵は卵黄と卵白を分けておく。

混ぜる

チョコレート＋バター

1

ボウルにチョコレートとバターを入れて湯せんし、混ぜ合わせる。

卵黄＋グラニュー糖

2

ボウルに卵黄とグラニュー糖（分量の半分）を入れ、白っぽくなるまで混ぜる。

卵白＋グラニュー糖

3

ボウルで卵白を泡立て、残りのグラニュー糖を少しずつ加えて角が立つまで泡立てる（8分立て）。

生地をまとめる

4

1のチョコレートに**2**の卵黄を加えて混ぜ合わせる。

5

4に**3**の卵白を加えて、さっくり混ぜ合わせる。

焼く

6

5を型に流し込んで、型ごと水平に持ち上げて軽く台を叩き、生地の中の空気を抜く。

7

オーブンで焼く。
①230℃→2分
②180℃→20分
＊高温で焼いた後、温度を下げて焼く。

 焼き上がったら、食べる前に粉糖をふると、見た目もおしゃれに。

CRÈME AU CHOCOLAT
クレーム・オ・ショコラ

とろりとなめらかなチョコレートクリーム。
バゲットなどを添えて味わって。

材料 (2〜3人分)

バター —— 12g　　グラニュー糖 —— 25g
小麦粉 —— 10g　　チョコレート（ブラック）—— 100g
牛乳 —— 250cc

混ぜる

1 鍋でバターを溶かす。

2 1に小麦粉を加える。

3 粉っぽさが取れるまでよく混ぜ合わせる。

4 3に牛乳、グラニュー糖の順に加えて混ぜ合わせる。

5 チョコレートを割り入れ、とろみがつくまで弱火で煮詰める。

小さな器に入れ、クッキーなど食感の違うものを添えて食べるのがおすすめ。フランス人は、牛乳と一緒に食べるのが好きです。

フルーツで旬のおやつ

　そのまま食べてもおいしいフルーツですが、バターでソテーしたり、グラニュー糖をまぶしてオーブンで焼いたり、ひと手間を加えればスペシャルなデザートに。食べることを楽しむフランスの友人たちは、フルーツのいろんな楽しみ方をよく知っています。

　比較的手に入りやすいバナナやりんごなら、マフィンやパイに。桃やぶどうなど旬のフルーツが手に入ったときは、その時期にしか味わえないフレッシュさを生かしたお菓子作りも楽しいものです。長期間保存できるフルーツの缶詰を常備しておけば、急な来客のおもてなしにも使えます。

　フルーツは、同じりんごでも大きさや甘み、水分の量が違うように、個体差があります。レシピに書いてあるからといってそこにこだわらずに、状態に合わせて分量を増やしたり少なくしたり、焼き時間などもあくまで目安と考えて調整してみてください。

BEIGNETS AUX POMMES
りんごのベニエ

フレッシュなりんごに衣をつけて
さくっと揚げれば、ふわふわもちもち！

りんご

材料（5〜6個分）

りんご —— 1個　　　　卵 —— 1個　　　　揚げ油 —— 適宜
ホットケーキミックス —— 150g　　牛乳 —— 大さじ3　　粉糖 —— 適宜（好みで）

衣をつける

1 ホットケーキミックス、卵、牛乳を混ぜ合わせて衣の生地を作る。

2 りんごは1cmくらいの輪切りにし、芯をくりぬく。
＊ペットボトルのふたを押しつけると簡単です。

3 輪切りのりんごに**1**の生地を絡める。生地がかたい場合は牛乳を少し加えて調整する。

揚げる

4 揚げ油が冷たいうちに生地を少し落としておき、浮き上がってきたら**3**を入れる。

5 片面がきつね色になったら、ひっくり返して両面を揚げる。

衣は水分が多すぎるとりんごに絡まないので、気をつけて。食べるときに粉糖を振りかけると、見た目が華やかになります。

TARTE TATIN
タルトタタン

オーブンでじっくり焼くだけ！
りんごの旨みを凝縮したフランスの伝統菓子。

材料（直径21cm大）

りんご —— 2〜3個	グラニュー糖 —— 150g
バター —— 75g	冷凍パイシート —— 1〜2枚

下準備
- オーブン予熱　180℃
- 冷凍パイシートを冷蔵庫で半解凍する。

具を入れる

1 耐熱容器にグラニュー糖を敷きつめ、バターをちぎって並べる。

2 りんごは皮つきのまま八つ切りにして、1の上にぎっしり並べる。

焼く❶

3 2をアルミホイルで覆い、オーブンで焼く。180℃→20分

パイをのせる

4 オーブンから取り出してアルミホイルを外し、パイシートをかぶせ、軽く押してりんごに密着させる。

焼く❷

5 さらにオーブンで焼く。
180℃→60分
＊りんごから出てくる水分が茶色っぽくなれば焼き上がりの合図。

型をはずす

6 5の粗熱がとれたら、裏返して型をゆっくり外す。
＊時間がたちすぎると外れにくくなるので注意を。

りんご

ROULEAUX AUX POMMES
りんごロール

春巻きの皮にバターをぬって焼くと
パリパリに仕上がってパイのような食感に。

材料（2本分）

- りんご —— 小1個（角切り）
- バター —— 20g
- グラニュー糖 —— 10g
- 春巻きの皮 —— 2枚
- シナモンパウダー（好みで）

下準備

- オーブン予熱　180℃
- バター半分（10g）は湯せんする。
- 天板にオーブンシートを敷く。

具を作る

1. フライパンでバター（10g）を溶かし、りんごを加えてソテーする。

2. りんごがしんなりしてきたら、グラニュー糖を加えてさらに炒める。

3. シナモンパウダーを好みで加える。

成形する

4. 春巻きの皮に溶かしたバター（10g）をぬる。

5. 3の炒めたりんごを端に置き、くるくると巻く。

焼く

6. 天板に5を並べ、オーブンで焼く。
180℃→20〜30分

TARTE RUSTIQUE
タルトリュスティック

タルト型なしでできる素朴なタルト。
ブルーベリーとりんごをたっぷりのせて。

材料（直径15cm大）

タルト生地 ＊p14-15参照。
（基本のタルト生地の1/2の分量）
小麦粉 —— 適宜
りんご —— 大1個（薄切り）
ブルーベリー（冷凍）—— 適宜
グラニュー糖 —— 小さじ1

下準備
- オーブン予熱　180℃
- 天板にオーブンシートを敷く。

成形する

1
タルト生地を割れないように手で押しながら丸くする。

2
打ち粉をして、タルト生地を少しずつめん棒でのばす。

3
生地を薄くのばしたら、薄切りにしたりんごを並べる。

焼く

4
生地のふちを切れないように注意しながら内側に折り込む。

5
ブルーベリーをのせてグラニュー糖をふる。

6
オーブンで焼く。
180℃→30～40分

POMME AU FOUR
焼きりんご

仕上げに表面をキャラメリゼして
ワンランク上の贅沢なひと皿に。

材料（2個分）
りんご——1個（横半分に切る）
バター——5g
グラニュー糖——大さじ1
シナモンパウダー（好みで）

下準備
- オーブン予熱　180℃
- 天板にオーブンシートを敷く。

焼く❶

1　半分に切ったりんごの表面にバターの半分の量をのせる。

2　オーブンで焼く。
180℃→10分

焼く❷

3　オーブンを開け、残りのバターをのせ、全体にグラニュー糖をふる。
＊シナモンは好みでふる。

4　オーブンで焼く。
180℃→15分

キャラメリゼする

5　りんごを取り出し、裏返してフライパンで焼く。

りんごの表面を強火でキャラメリゼすることで、焼き色がつき、香ばしさが出ます。焼き色がつくまで、強火で一気に行ってください。

りんご

ROSE DE POMMES
りんごバラ

1つ1つがバラの花のように仕上がり
パーティにも映える華やかなパイ菓子。

材料 （4個分）
りんご —— 1個
冷凍パイシート —— 2枚
水 —— 適宜
グラニュー糖 —— 大さじ2

下準備
- オーブン予熱　180℃
- 冷凍パイシートを冷蔵庫で半解凍する。
- りんごをスライサーで薄く切る。

成形する

1 横半分に切ったパイシートの表面に水をぬり、さらにグラニュー糖をまぶす。

2 りんごの薄切りを、皮の部分を上に、パイシートから少しはみ出すように並べる。

3 パイシートの下半分を上に折り込み、上から少し押さえる。

焼く

4 端からくるくると巻いて、最後は水をつけてしっかり留める。

5 小さな耐熱容器に入れる。

6 オーブンで焼く。
180℃→30〜40分

GÂTEAU INVISIBLE

ガトーインビジブル

生地の中に実はりんごがぎっしり！
ミルフィーユのような焼き菓子。

りんご

[材料] （18cm型1個分）
りんご —— 1〜2個（薄切り）
牛乳 —— 100cc
卵 —— 2個
グラニュー糖 —— 大さじ2
小麦粉 —— 70g
バニラエッセンス（好みで）

[型用]
バター —— 適宜
グラニュー糖 —— 適宜

[下準備]
- オーブン予熱　200℃
- 型にバターをぬり、グラニュー糖をまぶす。

混ぜる

1

ボウルに牛乳と卵を割り入れて混ぜ合わせる。

2

グラニュー糖を加えて、さらに泡立て器で混ぜ合わせる。

3

小麦粉をふるいながら加える。

4

さっくりと全体を混ぜ合わせる。
＊好みでバニラエッセンスを加える。

5

薄切りのりんごを入れ、混ぜながら生地になじませる。

型に入れる

6

型に **5** のりんごを重ねるように入れてぎゅっと詰める。

7
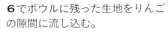
6 でボウルに残った生地をりんごの隙間に流し込む。

焼く

8

アルミホイルをかけてオーブンで焼く。200℃→35〜40分

インビジブル＝見えないケーキはフランスでも大人気。水で溶いたジャムを添えると、見た目がより華やかになります。

りんご

BANANES AU FOUR

焼きバナナ

バナナを丸ごとオーブンに入れたら
しっとりとまったく違った食感のデザートに！

バナナ

材料
バナナ ── 2本
バター ── 5g（1本あたり2.5g）
シナモン ── 適宜

下準備
・オーブン予熱　200℃

焼く

1. バナナを皮付きのままオーブンで焼く。200℃→8〜10分

2. 皮が黒くなったら、ナイフで上部の皮をむいてバターを落とし、シナモンをふる。

時間をかけて焼くとほっくりと甘く、フレッシュな感じが好みならオーブン加熱は8分ぐらいに。バターの代わりに、ココナッツオイルやオリーブオイルでもOK。生クリームなどを添えて食べてもおいしいです。

TARTE BANANES CHOCOLAT FAÇON TATIN

チョコバナナタタン

相性抜群のバナナとチョコレートが
切って・並べて・焼くだけでタルトに変身。

材料	（16cm型1個分）

バナナ —— 2〜3本
チョコレート —— 50g
冷凍パイシート —— 1枚

下準備
- オーブン予熱　200℃
- 冷凍パイシートを冷蔵庫で解凍する。

成形する

1

耐熱容器に大きめに砕いたチョコレートを敷く。

2

2.5cm幅くらいの輪切りにしたバナナを、チョコレートの上に並べて敷きつめる。

3

パイシートをバナナの上にかぶせ、軽く押さえて密着させる。

焼く

4

オーブンで焼く。
200℃→20分

型をはずす

5

オーブンから取り出し、裏返して形が崩れないように型から外す。

一般的にはキャラメルで作るタタンですが、チョコレートを使ってもおいしく、簡単に作れます。

MUFFINS À LA BANANE

バナナマフィン

安定のおいしさで子どもたちにも大人気。
バナナを生地に練り込んでしっとりと焼き上げて。

バナナ

| 材料 | （5〜7個分） |

バナナ —— 1本
卵 —— 1個
牛乳 —— 100cc
バター —— 40g
グラニュー糖 —— 大さじ2
ホットケーキミックス —— 150g

[クランブル]
小麦粉 —— 50g
グラニュー糖 —— 25g
バター —— 25g

| 下準備 |

- オーブン予熱　180℃
- バターを湯せんする。
- 型を用意する（紙でも陶器でもOK）。

生地を作る

1

ボウルに皮をむいたバナナを入れ、フォークでつぶす。

2

1に卵を割り入れて、よく混ぜる。

3

牛乳と溶かしたバターを加えて混ぜ合わせる。

4

3にグラニュー糖、ホットケーキミックスを加える。

5

混ぜ合わせた生地を型に入れる。

クランブルを作る

6

小麦粉、グラニュー糖を混ぜ合わせ、バターを入れて粉をまぶす。

7

バターを指で小さくちぎり、つぶしながら小麦粉となじませる。

8

そぼろ状になったら、型に入れた生地にひとつまみずつクランブルをのせる。

焼く

9

オーブンで焼く。
180℃ → 30分

焼くとクランブルはカリカリした食感になり、マフィンとの食感の違いが楽しめます。クランブルは冷凍しておけるので、フルーツにのせて焼いたり（桃のクランブルはp73に）、いろんな形で利用してみてください。

PÊCHE AU SIROP INFUSÉ AU THÉ
紅茶コンポート

桃の缶詰があっという間に上品なデザートに！
ほどよい甘さと紅茶の香りを一緒に楽しんで。

桃

材料（2〜3人分）

紅茶 —— 2バッグ　　桃（缶詰）—— 1缶
水 —— 100cc　　　　グラニュー糖 —— 大さじ1

漬ける

1
湯を沸かして紅茶のバッグを入れ、火を止め、ふたをして5分ぐらい蒸らし、グラニュー糖を加える。

2
桃の缶詰を汁ごとボウルにあけ、1の紅茶を加える。

3
粗熱をとってから、冷蔵庫に入れて冷やす。

紅茶を淹れるときはふたをして、しっかりと茶葉を蒸らしましょう。濃いめの紅茶で桃に味を染み込ませるのがポイントです。

CRUMBLE AUX PÊCHES
桃のクランブル

ジューシーな桃の上にさくさくのクランブル。
いつものフルーツがおもてなしの一品に。

材料（2〜3人分）

桃（缶詰）——1缶　　小麦粉——50g
グラニュー糖——25g　　バター——25g

下準備

- オーブン予熱　180℃

クランブルを作る

1

ボウルにグラニュー糖と小麦粉を入れて混ぜ合わせる。

2

バターを加えて小麦粉をまぶし、指で小さくちぎり、つぶしながらなじませる。

3

小さくなったバターのかたまりをさらになじませ、そぼろ状にする。

型に入れる

4

缶詰の桃を取り出し、食べやすい大きさに切り、耐熱容器に入れる。

5

4に3のクランブルをかぶせる。

焼く

6

オーブンで焼く。
180℃ ➔ 35分

SORBET À LA PÊCHE
桃のソルベ

食後のデザートにもぴったり。
桃のシロップ煮をソルベとして堪能!

桃

[材料]

桃(缶詰) —— 1缶

混ぜる

1

缶詰から取り出した桃とシロップをブレンダーまたはミキサーにかける。

2

密閉保存袋に入れて口を閉じる。

凍らせる

3

冷凍庫に入れて冷やす。

4

90分くらいしたら、一度取り出して揉み、再び冷凍庫に戻して凍らせる。

 一度、揉むだけでシャーベット状になります。ブレンダーやミキサーがない場合は、粗く刻んで凍らせればOKです。

GRATIN DE PÊCHES

桃のグラタン

ふわっとカスタードプリンのような口どけ。
桃の甘い香りとともに味わう素朴なおやつ。

材料（2〜3人分）

桃（缶詰）——1缶　　生クリーム——100cc
卵黄——2個分　　　グラニュー糖——25g

下準備
- オーブン予熱　200℃

混ぜる

1

ボウルに卵黄、生クリーム、グラニュー糖を入れる。

2

泡立て器でよく混ぜ合わせる。

型に入れる

3

缶詰から桃を取り出し、耐熱容器に並べる。

4

2の生地を流し入れる。

焼く

5

オーブンで焼く。
200℃→15〜20分

CLAFOUTIS À L'ORANGE

オレンジクラフティ

フレッシュなオレンジの酸味と生地の甘さが絶妙。
フランスの家庭に伝わるみんなが大好きな定番おやつ。

オレンジ

| 材料 |(直径13cm1個分)

オレンジ —— 2個
卵 —— 2個
小麦粉 —— 50g
グラニュー糖 —— 30g
塩 —— 小さじ1/2
牛乳 —— 50cc
バター —— 20g

| 下準備 |

- オーブン予熱　250℃
- バターを湯せんする。

混ぜる

1

ボウルで卵を溶く。

2

小麦粉をふるいながら**1**に加える。

3

グラニュー糖と塩を加えて混ぜ合わせる。

4

牛乳を加えて混ぜ合わせる。

5

溶かしたバターを加えて混ぜる。

型に入れる

6

くし切りにしたオレンジを容器に並べ、**5**の生地を流し入れる。

焼く

7

オーブンで焼く。
250℃ → 20〜25分

生地がふくらんで焼き色がついたらOK。高温で一気に焼くのがポイントです。オレンジのほか、バナナやぶどうもおすすめ。

オレンジ

ORANGE MARINÉE
オレンジマリネ

オレンジを果汁たっぷりのシロップに浸した
フレッシュで爽やかなデザート。

材料（1〜2人分）

オレンジ —— 1〜2個　　グラニュー糖 —— 50g
水 —— 100cc　　　　　ミントの葉（好みで）

シロップに漬ける

1　鍋に水とグラニュー糖を入れて火にかけ、シロップを作り、冷ましておく。

2　オレンジをくし切りにし、薄皮に果肉が残ったら絞っておく。

3　2に粗熱のとれた1のシロップを加える。

冷やす

4

お好みでミントを加えて冷やす。

オレンジ以外に、キウイやりんご、桃、ぶどうなども同様に。水の半量を白ワインに代えれば大人の味に。ミントの代わりにパクチー、バジル、しょうがなどを加えてもおいしいです。

チーズやグラノーラで
大人のおやつ

　チーズやヨーグルト、グラノーラ、シリアルなどもおやつの材料になります。チーズにはいろいろなタイプがありますが、ここでは粉チーズや溶けるタイプのチーズを使って、スナック感覚のおやつをご紹介します。甘いものが得意でない人にも喜ばれますし、ワインなどお酒のおつまみとしてもぴったりです。

　クリームチーズを使った濃厚なチーズケーキや、ヨーグルトを凍らせて作る爽やかなフローズンヨーグルトは、シンプルだけど本格的な大人のおやつに。手軽な朝食として種類も豊富に揃うグラノーラやシリアルは、簡単なアレンジでカリカリ、サクサクとした食感を生かしながら目先の変わったおやつになります。

GÂTEAU AU FROMAGE
チーズケーキ

クリームチーズをたっぷり使った
濃厚な味わいのベイクドタイプ。

SHIMA'S MEMO

お菓子作りは使う材料や工程が似ているので、よくこんなふうにイラストを描いて覚えていました。全体像が頭に入るので便利です。

材料（直径18cm型1個分）

クリームチーズ —— 200g
卵 —— 3個
小麦粉 —— 90g
生クリーム —— 200cc
グラニュー糖 —— 100g

下準備

- オーブン予熱　180℃
- クリームチーズを常温に戻す。
- 型にバターをぬり、オーブンシートを内側にはる。
- 卵を卵黄と卵白に分ける。
- グラニュー糖を半分に分ける（50gずつ）。

混ぜる

1 クリームチーズ＋卵黄＋小麦粉

スプーンなどでクリームチーズを押しつぶすようにして卵黄と混ぜ合わせ、その後は泡立て器で。全体がなめらかになったら、小麦粉をふるいながら加える。

2 生クリーム＋グラニュー糖

別のボウルで生クリームを泡立て、半量のグラニュー糖（50g）を少しずつ加えて混ぜ合わせる。泡立て器ですくうと数秒クリームが残るくらいぽってりと（8分立て）。

3 卵白＋グラニュー糖

別のボウルに卵白を入れて泡立て、残りのグラニュー糖を2、3回に分けて加え、しっかりと泡立てる。泡立て器ですくうと文字が書けるくらいにする。

4

1の生地に、2、3を順に混ぜ合わせる。

型に入れる

5

型に生地を流し入れたら、型の底で軽く台を叩き、空気を抜く。

焼く

6

オーブンで焼く。
①180℃→30分
②170℃→20分

＊表面に焼き色がついたら、温度を下げて焼く。

チーズ

GOUGÈRE
グジェール

シュー生地にチーズを練り込んで焼き上げる塩味のおやつ。
ワインと一緒におつまみとしても。

チーズ

| 材料 |（10～12個分）

バター —— 40g
水 —— 100cc
小麦粉 —— 60g
卵 —— 2個
とろけるチーズ（細切り）—— 80g
卵黄 —— 適宜
こしょう —— 適宜

| 下準備 |

- オーブン予熱　200℃
- 小麦粉をふるう。
- 卵を溶く。
- 天板にオーブンシートを敷く。

混ぜる

1 鍋にバターと水を入れて中火にかける。

2 沸騰したら弱火にして小麦粉を入れ、よく混ぜて水分を飛ばす。

3 2を火から下ろし、溶き卵を少しずつ入れて、練り込むように混ぜ合わせる。

焼く

4 3にチーズを加えて全体を混ぜる。

5 4の生地をスプーンですくって天板に落とし、表面に少量の水（分量外）で薄めた卵黄をぬる。

6 オーブンで焼く。
①200℃→15～20分
②180℃→5分
＊しっかり固まって焼き色がついたら温度を下げて焼き上げる。

生地にこしょう、刻んだアンチョビやオリーブを入れてもおいしいです。ワインなどのお酒に合うので、パーティなどに用意しておくと喜ばれます！

BISCOTTE AU FROMAGE
チーズラスク

バターと粉チーズをぬってオーブンへ。
小腹を満たしてくれるカリカリのおやつ。

材料（1〜3人分）
バゲット（スライス）——8枚
バター——20g
粉チーズ——20g

下準備
- オーブン予熱　170℃
- バターを常温に戻す。

焼く❶

1
バゲットの両面をオーブンで焼く。
170℃→5分

味つけする

2
バターに粉チーズを加えて混ぜ合わせる。

3
バゲット1枚ずつに**2**をぬる。

焼く❷

4
オーブンで焼く。
170℃→5〜10分

もともと固くなったバゲットなどをおいしく食べるためのアイデアなので、バゲットを前日に切って乾燥させておけば、1のから焼きのプロセスは省いてOKです。

YAOURT GLACÉ
フローズンヨーグルト

ヨーグルトをクリーミーに仕上げた
混ぜて凍らせるだけの爽やかなスイーツ。

材料（2〜4人分）

プレーンヨーグルト —— 1パック（400g）
生クリーム —— 1パック（200g）
グラニュー糖 —— 100g

下準備

- ヨーグルトは水切りをしておく。
  ＊目安は30分（250gぐらいになるまで）。

混ぜる

1

ボウルに生クリームを入れて泡立てる。

2

少しずつグラニュー糖を加えて、ぽってりするまで泡立てる（8分立て）。

3

水切りしたヨーグルトを1/3ずつ3回に分けて加えて、全体を混ぜ合わせる。

凍らせる

4

密閉保存袋に**3**を入れ、平らにして口を閉じる。

5

冷凍庫で3時間ほど凍らせる。

 食べるときに水で溶いたジャムをかけてもいいし、袋に入れる前にジャムを落として一緒に凍らせても。アレンジ自在です。

TIRAMISU À LA CONFITURE
いちごジャムのティラミス

水切りヨーグルトと生クリームを合わせたら
ふわっとした口当たりのティラミスが完成！

ヨーグルト

SHIMA'S MEMO

とにかく混ぜるだけですが、順番が大事。ぜひ試してみてください。卵白を泡立てるときはボウルや泡立て器の水分をしっかり拭き取ってから。

| 材料 | (3〜4人分)

プレーンヨーグルト —— 1パック (400 g)
生クリーム —— 1/2パック (100 g)
卵 —— 1個
グラニュー糖 —— 40 g
いちごジャム (果肉の多いもの)

| 下準備 |

- ヨーグルトは水切りをしておく。
- *目安は30分 (250 gぐらいになるまで)。
- 卵を卵黄と卵白に分ける。
- グラニュー糖を半分に分けておく (20 gずつ)。

泡立てる

1 生クリーム

生クリームを泡立て器で持ち上げるととろりと下に落ちるくらいに泡立てる (7分立て)。

2 卵白+グラニュー糖

別のボウルで卵白を泡立て、グラニュー糖を半量 (20 g) 加えて、さらに泡立てる。

3 卵黄+グラニュー糖

別のボウルで卵黄を泡立て、残りのグラニュー糖 (20 g) を加え、白っぽくなるまでさらに泡立てる。

混ぜる

4

3に水切りしたヨーグルトを加えて混ぜる。

5

1と2を順に4に加えて混ぜ合わせる。

冷やす

6

器にジャムを落とし、5を流し入れて30分以上冷蔵庫で冷やす。

PATATE DOUCE
スイートポテト

ほくほくのさつまいもにバターの風味が絶妙。
冬のおやつにぴったり、できたてを味わって。

材料	（6個分）

さつまいも ── 1本（300ｇ）
バター ── 50ｇ
グラニュー糖 ── 30ｇ
牛乳 ── 大さじ1
卵黄 ── 1個分
水 ── 適宜

下準備

- オーブン予熱　200℃
- 天板にオーブンシートを敷く。
- 水につけたさつまいもをラップに包んでレンジ加熱（600Wで表裏3分ずつ）。

混ぜる

1　皮をむき、輪切りにしたさつまいもにバターとグラニュー糖、牛乳を加え、つぶしながら混ぜる。

2　1に卵黄1/2の分量を加えて混ぜ合わせる。

成形する

3　2の生地をスプーンですくってオーブンシートの上に落とし、形を整える。

焼く

4　3の表面に少量の水で薄めた卵黄を塗る。

5　オーブンで焼く。
200℃→10〜20分

さつまいもは収穫の時期や種類によっても水分量や甘みが異なるので、バター、グラニュー糖、牛乳の分量を自分好みに調節してください。表示は目安の分量です。

PATATES DOUCE À LA CANNELLE

さつまいものシナモンシュガー

シナモンとバターの香りをプラスして
生クリームを添えればリッチなひと皿に。

材料 (1〜3人分)

さつまいも —— 1本(300g)
バター —— 10g
グラニュー糖 —— 10g
シナモンパウダー（好みで）

下準備

- オーブン予熱　180℃
- バターを常温に戻す。
- 水につけたさつまいもをラップに包んでレンジ加熱（600Wで表裏3分ずつ）。

味つけする

1

器にバター、グラニュー糖、シナモンパウダー（好みで）を入れて混ぜ合わせる。

2

皮つきのまま輪切りにしたさつまいもに1をぬる。

焼く

3

オーブンで焼く。
180℃ → 10分

シナモンとグラニュー糖は先に混ぜ合わせておくと味が均等になります。さつまいもは皮つきのまま輪切りにすると、見た目もかわいく仕上がります。

GRANOLA PARFAITS
グラノーラパフェ

グラノーラのざくざくとした食感も楽しめる
おうちパフェ。追加の素材はアレンジ自在！

材料 （1人分）

グラノーラ —— 30g
チョコレートソース
　チョコレート —— 50g
　牛乳もしくは生クリーム —— 20g
アイスクリーム —— 適宜
バナナ —— 1本（輪切り）

下準備

- チョコレートを湯せんし、溶けたら牛乳（生クリーム）を入れて混ぜておく。

盛りつける

1 　2 　3

ガラスの容器にグラノーラを敷き、あとはお好みでアイスクリームやチョコレートソース、バナナなどの果物を順番に盛りつける。

グラノーラは一番下に敷いておくと溶けたアイスがグラノーラに落ちてくるので、程よく混ざっておいしく食べられます。盛りつけ方は自由です。お好きなように！

GRANOLA CARAMEL

キャラメルグラノーラ

キャラメルでグラノーラをコーティング。
香ばしいクッキーがあっという間に完成！

材料（1〜3人分）

グラノーラ —— 80g
グラニュー糖 —— 50g
水 —— 大さじ1
バター —— 15g

下準備

- オーブンシートを用意する。

キャラメルを作る

1 フライパンもしくは鍋にグラニュー糖と水を入れて強火にかける。

2 沸騰してもそのまま動かさない。

3 大きな泡が消えてキャラメルが好みの濃さになったら、バターを加えて混ぜる。

混ぜる

4 3のバターが溶けたら、グラノーラを一気に入れて火を止める。

5 手につかないように気をつけながら、全体を混ぜ合わせる。

6 5をスプーンですくってオーブンシートに落とし、そのまま冷ます。

BOULES CROQUANTES AU CHOCOLAT
シリアルチョコボール

さくさくのシリアルにチョコを絡めた
ひと口サイズの簡単おやつ。

シリアル

材料	下準備
チョコレート —— 100 g シリアル —— 40 g	・チョコレートを湯せんする。 ・小さな器を用意する。 （紙でもアルミでもOK）

混ぜる

1

なめらかになったチョコレートに、シリアルを入れて全体に絡める。

2

1をスプーンですくって型に入れ、形を丸く整える。

冷やす

3

冷蔵庫で冷やし固める。

チョコレートを湯せんするときは、ボウルの中に蒸気が入らないように気をつけて。水気が加わるとチョコレートがポロポロになってしまいます。

おわりに

　私が小学校1年生のときに書いた将来の夢は「パティシエ」でした。自分ではすっかり忘れていたのですが、大人になって再会した当時の担任の先生が「志麻ちゃんは、"パティシエになって私が作ったお菓子を先生に食べてもらうんだ"って言ってたのよ」と懐かしそうに話してくれました。学校がお休みの日には、お菓子のレシピ本を見ながら一生懸命アップルパイやクッキーを作ったり、ちょっと難しいシュークリームにも挑戦したりしました。もちろんその頃はたくさん失敗もしていたと思います。なぜ、そんなにお菓子作りに夢中だったのかなと考えると、小学生だった私のなかでは、うまく作りたいという思いではなくて、お菓子を作ることがとにかく楽しかったのだと思います。そして、私が作ったお菓子を「おいしいね」と言って食べてくれたみんなの笑顔を見て、とてもうれしい気持ちになったことを覚えています。

　私がこの本でご紹介したかったのは、「家に材料があるから」「今日はちょっと時間があるから」「子どもたちと一緒に楽しみたいから」という感覚で作る、家庭で食べる「おやつ」のレシピです。

　手作りのおやつなら、材料に何が使われているのかがわかるので安心ですし、家で作るおやつですから、少しぐらい形が悪くても、ちょっと焼きすぎても平気です。

　まずは基本のレシピを参考に作りやすい分量で作ってみてください。気に入ったおやつがあったら、それを何度か繰り返し作っていくと、少しずつ自分の味ができあがってきます。「もっとバターを多くしてコクを出してみようかな」「もっと砂糖を加えて甘くしてみようかな」というように、自分流にアレンジしながら、みなさん一人一人のオリジナルのレシピに育てていただけたらと思います。

志麻

志麻(しま)

大阪あべの・辻調理専門学校、同グループ・フランス校を卒業。ミシュランの三ツ星レストランでの研修を修了後、日本に戻り、有名フランス料理店などで15年働く。2015年に、フリーランスの家政婦として独立。各家庭の家族構成や好みに応じた料理が評判を呼び「予約がとれない伝説の家政婦」としてメディアから注目される。NHK「プロフェッショナル 仕事の流儀」でその仕事ぶりが放映され、2018年年間最高視聴率を記録。著書に『志麻さんのプレミアムな作りおき』『志麻さんの何度でも食べたい極上レシピ』『1分で決まる！志麻さんの献立の作り方』『志麻さんの魔法のソースレシピ』『厨房から台所へ—志麻さんの思い出レシピ31』『沸騰ワード10×伝説の家政婦 志麻さん ベストレシピ』などがある。料理教室やイベントの講師、食品メーカーのレシピ開発など多方面で活動中。現在はフランス人の夫と息子2人娘1人との5人暮らし。

https://shima.themedia.jp/

写真　青木和義／中島慶子
スタイリング　大関涼子
取材　盆子原明美
イラストレーション　こぐれひでこ
編集協力　パナソニック／UTUWA／conasu antiques／平田麻莉

気軽に作れる 志麻さんの 極上おやつ

2019年11月28日　第1刷発行
2024年10月29日　第19刷発行

著　者　志麻
発行者　鉄尾周一
発行所　株式会社マガジンハウス
　　　　〒104-8003　東京都中央区銀座3-13-10
　　　　書籍編集部　☎03-3545-7030
　　　　受注センター　☎049-275-1811
印刷・製本　大日本印刷株式会社
ブックデザイン　岡 睦 (mocha design)

乱丁本・落丁本は購入書店明記のうえ、小社製作管理部宛てにお送りください。送料小社負担にてお取り替えいたします。ただし、古書店等で購入されたものについてはお取り替えできません。定価はカバーと帯、スリップに表示してあります。本書の無断複製（コピー、スキャン、デジタル化等）は禁じられています（ただし、著作権法上での例外は除く）。断りなくスキャンやデジタル化することは著作権法違反に問われる可能性があります。

マガジンハウスのホームページ https://magazineworld.jp/

©Shima, 2019 Printed in Japan
ISBN978-4-8387-3077-3 C0077

志麻さんの
大好評レシピシリーズ

志麻さんの
何度でも食べたい
極上レシピ

手間はかけずに時間をかける
志麻さんが愛する
定番レシピを大公開！

サーモンマリネ／鶏肉のコンフィ／ミートローフ／
オイルサーディン／エスカルゴバター他

定価：本体1300円（税別）

①分で決まる！
志麻さんの
献立の作り方

7つの調理法を取り入れて
バリエーション無限大。
志麻さん流のシンプルな
献立術で毎日をもっと楽に！

牛肉のトマト煮／豚スペアリブ／
鶏肉のオーブン焼き／鶏むね肉のポワレ／
イワシのマリネ／豚バラ肉のカレー煮込み他

定価：本体1300円（税別）